我和 35 首诗歌

郭浩然 著

中国海洋大学出版社
·青岛·

图书在版编目(CIP)数据

我和35首诗歌 / 郭浩然著. —青岛:中国海洋大学出版社,2018.11

ISBN 978-7-5670-1698-9

Ⅰ.①我… Ⅱ.①郭… Ⅲ.①诗集-中国-当代 Ⅳ.①I227

中国版本图书馆CIP数据核字(2018)第261337号

出版发行	中国海洋大学出版社		
社　　址	青岛市香港东路23号	邮政编码	266071
出 版 人	杨立敏		
网　　址	http://www.ouc-press.com		
电子信箱	youyuanchun67@163.com		
订购电话	0532-82032573(传真)		
责任编辑	由元春	电　　话	0532-85902495
印　　制	青岛国彩印刷有限公司		
版　　次	2018年12月第1版		
印　　次	2018年12月第1次印刷		
成品尺寸	130 mm×185 mm		
印　　张	2.625		
字　　数	42千		
印　　数	1～1000		
定　　价	35.00元		

发现印装质量问题,请致电0532-88194567,由印刷厂负责调换。

自序

　　写个自序,我想会使这本书更有意义。你对我来说常常像只蝴蝶,美丽地飞过,然后盘旋着消失不见。

　　2013年,我遇见了我诗里的那个她。直到写这篇序时,还能看见指尖带着一点那年清晨的阳光;可又偏偏在这样一个特殊的年纪,我想多要一点时间,让我先学会如何表达。

　　于是,我顺理成章地闹出了一系列、又一系列的笑话,也耽误了自己的学习。深知自己的荒唐,却又无法自拔,终于在多个不眠的夜晚,我选择了悄悄地离开。

　　"我无法选择在这个年纪打扰你",这样一个时间段,想想就没有什么结果,与其有一天可能辜负你,我是不是先辜负我自己。

　　可离开后我的心情,却没有想象的那样轻松。荒唐的我,竟旷了课,尝试去做起了生意。

毕竟太年轻,没见过社会啥样,吃亏上当受骗在所难免。经历了几次失败,竟不知不觉动起了笔,也许能有这本书,那时候算是苗头了。

我老老实实回到了学校。幸运的是,这段荒唐的经历,没有影响到我的学习,终于踏实下来的我,也有了不错的成绩。

可也许,我还是这样不服气,年少轻狂又不知天高地厚,我没选择放弃,我想做点不一样的事。

大概到了2016年,逐渐脱去了稚气的我,在圈子里小有名望,生意也开始有了起色,不久我便有了一笔数目不算少的资产。

学业无忧的我,终于有一天开始思考我的人生。被别人捧起的感觉,也许不是我想要的,我开始找寻人生的真谛。

2017年,也许是上天注定,我某一天的梦中离奇地出现了一位老者,白胡子白袍。我与他在亭中喝茶下棋,赏山水景色,"江山如画人自醉""浮生渺渺似神仙"啊。

也许这是我心中的倒影。不久,我便爱上了茶,从此无法自拔。

自那之后，我开始整理从前所有的思绪，对事情的看法也逐渐发生改变，有了我从前所没有的想法。

有一天在喝茶时，脑海中忽然的一个画面，让我终于明白了我人生的真谛。也许是我梦中的山河太美，美得让我不停地流泪。我从泪滴中看见的，是国家和人民。

于山水之间，静观天地。我找了一处偏僻的地方，足不出户，不问世事，喝茶，学习，准备留学考试，静静地去感悟我人生的意义。

庆幸的是，由于我的经历，让我结识了不少忘年交，能在字里行间给予我启发。

也许是静能生慧，又有一帮好老师，我的生活过得还算快乐。

如果海的思念绵延不绝，是不是有一天，能和星空在地平线相见。

我终于还是没能形容出你。

谁年轻时不犯点错误呢，只要知道自己错了就为时不晚，低个头，认个错，对于犯错的自己有时候真的很重要。要知道，人荒唐不过几年，荒唐完了，可能就正常了。

脚踏实地去做一个男人该做的事，扛起身上对于家国的责任和担当，抛掉那么多的私欲和贪欲。默默奉献，才是一个男人应有的品格。

郭浩然

2018年10月10日

/ 目 录 /

第一章　问茶　　　　　　　　/ 1

　　初品狮峰龙井有感　　　　/ 3

　　悟源涧肉桂　　　　　　　/ 5

　　大禹陵　　　　　　　　　/ 6

　　龙井　　　　　　　　　　/ 7

　　再品狮峰龙井有感　　　　/ 8

　　茶　　　　　　　　　　　/ 10

第二章　忆情　　　　　　　　/ 13

　　送不出的礼物　　　　　　/ 15

　　当我望着你　　　　　　　/ 16

　　缺席　　　　　　　　　　/ 18

　　病了的诗人　　　　　　　/ 20

　　写在风中的信　　　　　　/ 21

　　跨越时空的怀念　　　　　/ 23

新年	/ 25
离开	/ 27
别离	/ 28
他人	/ 29
风	/ 30
三月愁	/ 31
夜	/ 32
雪花	/ 34
雨后有感	/ 36
花	/ 37
再写你一次	/ 39

第三章 家国 / 43

我的中华	/ 45
我的四滴半眼泪	/ 46
船	/ 48
玉杯盏	/ 51
青花台	/ 55
知音	/ 57

　　　　手心的图案　　　　　／ 58
　　　　龙王吟　　　　　　　／ 59

第四章　真意　　　　　　　　／ 63
　　　　什么是诗　　　　　　／ 65
　　　　朋友　　　　　　　　／ 67
　　　　关于书名　　　　　　／ 69

写在结尾的诗　　　　　　　　／ 70

第一章 问茶

我可能再过多少年
也喝不懂茶
喝不懂
到底我是眷恋茶香
还是牵挂茶味

初品狮峰龙井有感

是那片轻飘来的叶
迎着风与霞光潋滟
于春日的残边　轻轻翩跹
是三月浓愁拂过风
细雨蒙蒙轻洒烂漫
于情诗的一行　惹人留恋

是浮世尘烟偶获你的一瞥
像融在心间柔软的一块绵
是蕴蓄爱语　止于心间　没能开口的珍贵
如青石板街　纤弱萤火　回眸一笑的婉约

竟似你目光　干净透明　柔弱带伤
若碗中西湖　空翠烟霏　漫漫绵绵
再闻之清香　回之甘甜

忽恍然一梦 万般不愿
因其好如初恋 恰似人间

2018年4月5日

【注】
曾经我不经意间偶获你一瞥
竟似心间塞了一块柔软的绵
我从未想过年少时那种情感赋予的心情
在多年波澜不惊后被一杯茶给勾起
茶从我的喉咙直接滑到了心间
我的眼前是西湖的烟雨朦胧
是轻柔 是牵挂 是你一笑的婉约
是一生那没开口的遗憾和珍贵
也是少年惊悸时那张羞涩的脸
恍然一会后
睁开眼已是泪流满面
我望着茶杯 还有些不舍
父亲也没有说话
悄悄地帮我把茶续满

悟源涧肉桂

我握住茶杯
像握住了执着

悠长了彷徨

忽如春风倾倒
百花一摇

一口气直达心底
岩骨正芬芳

【注】
　此茶存中华之英风
　　荡天地之灵气
　　隐豪杰之岩骨

大禹陵

夜风零碎了情绪
把思念透在窗前
悄悄绕过几条街
泛起茶中的涟漪

等到雪花一幕幕纷飞
我就折叠我心中的诗
寄给那年轻的漪洄

【注】

世上有些茶
有些人
说不出哪里好
却又没有什么能够替代

龙　井

当微风拂过三月
茶味在舌尖荡漾
悄悄涌进我心里

这一刻
成了永远
如你的回眸
我记得

【注】

西湖烟雨何必看
朦胧尽在杯盏间

再品狮峰龙井有感

轻飘的叶变得蹒跚
雪花不再留下悲哀
那天边残余的霞光
把时间渲染上空白

思念变成一湾浅海
还眷恋彩色的沙滩
我挥手道别了夕阳
不愿读懂云的枯黄

当轻起的晚风拂过
荡漾了心头的哀伤
桃源忽而飘来细雨
点燃星空依稀光亮

我捡起一片梧桐叶
向他打听你的去向

【注】
　　这茶喝到七月份
　　越发觉得珍贵
　　珍贵得我已不会感动到流出眼泪

　　后来明白
　　越深的爱原来越沉默

茶

若得此珍宝，
请君心中品。
尘事皆浮云，
若水天地间。

【注】

两年来

我尝茶百余种

也走过了些山山水水

却没有几种茶能喝出感觉

直到写这篇文章时

我仍在喝茶

可翻来覆去

竟写不出个开头

也没思绪

于是我端起茶杯

闻了闻茶香

就这样

一篇注释

潦草地结了尾

可现在却一直在回味

回味这香气

第二章 忆情

情为何字
墨香同你终留味
又怎么会
一点一字是伤悲

送不出的礼物

我曾摘下早春清晨耀眼的阳光
收下夏日校园悦耳的蝉鸣
向秋雨借来惬意和凉爽
想在一场大雪中
把这一年经历的美好都送给你
只是不知道
你允不允许

【注】

如今到现在
有时还会庆幸
庆幸当初没有把这份珍贵给送出去
它才能一直被保留下来
悄悄藏在我的心底

当我望着你

你可知道
当我望着你
风轻轻扬起你的头发
夕阳侧映着你的背影
天边柔软的云
真的好美丽

你可知道
当我想起你
雨轻轻敲打我的窗户
像是你还在耳边喃语
书桌旁的过去
真的好甜蜜

你可知道
当我没有你

风轻悄悄地带走回忆

锦绣神州尽在我心里

这眼前的山河

真的好壮丽

你可知道

你不知道

这中华的男儿情

【注】

当我完整地写完这本书时

再回头想想

感觉就像昨天发生的事

可转眼已经过去五年之久

人生如梦 弹指一挥间

你可知道

你不知道

这五年来我从未忘记你

缺　席

最初的温柔总沾染诗意
像涓流途经百川伴春雨
这一滴是梦　那一滴是你
眨眼间飘满欢喜
最后游绪凝聚回忆
在笔纸间酝酿爱意
这一篇给梦　那一篇给你
记叙悠长奇迹

一双影子穿梭时光间隙
落在春朝河堤　秋原长椅
那一卷那一笔
不期然会被提起

少年的惊悸　请安睡心底
积攒的朝夕　来点缀回忆

来路的萧瑟 被山河铭记
轻易便能席卷天地
哪怕一生有一人缺席

【注】
此诗成于2018年3月的某个晚上
直到天微亮
我看见早春的一点阳光
仿佛还能听见轻声的叹
不写这诗我都不知道
原来一夜惆怅
可以如此委婉

病了的诗人

落叶悄悄地把圆晕拨开
风沙沙地奏响回忆
这病了的诗人
看着窗外的连翘花
轻轻拍了拍书桌上的灰尘
有些疲倦
笔尖上的墨水是干的
因为他知道
这还没完成的诗歌是旧的

【注】

你可知道
这连翘花开在三月
而我把你的名字藏进了这诗里

写在风中的信

雨后的天空开始阴霾
平静和你要怎么重来
我的脸上始终夹带
一抹浅浅的无奈
飘落的记忆渐渐零散
笑容也慢慢开始徘徊
我的指尖热情不在
变成风中的尘埃

老街上飘洒的红雨
随着北风渐渐凋零
吹过你的容颜
风铃轻轻摇曳
这温暖岁末的秋天
若你信手拈来一片枫叶
是否听得明白

这一地金黄的火焰
燃烧的不是落叶是思念

当爱渗透了时间
挥之不去的秋风轻轻缠绵
你不明白
这是我两行来自秋末的眼泪
是我想写给你在风中的信

【注】

若有一天
忽而的秋风轻轻缠绵在你指尖
挥之不去
它是想替我告诉你
我有多爱你

若此生允许
多想为你化作人间风雨

跨越时空的怀念

某天晚上
白雪茫茫
我背上书包
脱掉新衣
换回旧裳

阳光如初
课桌正好
你望着窗外
轻轻梳妆
我偷偷望你
有些羞涩
像当初一样

【注】

　　那天我无意间做了场梦

却感觉像回到过去走了一趟
这真实的感觉
大梦初醒 泪流两行
也许我的痴情感动了老天
让我回到过去再看你一眼

新　　年

世间被花火点燃
热闹起来
停不下来
夜晚星空被覆盖
满是绚烂
有多精彩

我停在世界中央
看见烟花掉下来
化作尘埃
没再回来
风悄悄打战

灰蒙的天空之下
看不清茫茫人海
眼前喧闹的城市

我只想陪着月亮
发呆

【注】

泪水打湿我的睫毛

模糊的视线当中是否还能见到你的踪影

离 开

若花怨着蝶 我又能怨着谁
——《题记》

天空被黑暗慢慢拖走
它还留恋大海不肯离开
就像浪花轻拍金色沙滩
总要来复几次留恋柔软
我看着缓缓坠落的夕阳
像被海水卷走的小石子
悄悄地离开也没被发现

【注】

当我悄悄地离开
像被海水卷走的小石子
不情愿
你是否发觉
我已不在

我还不能留恋
我被卷进了大海

别　离

我曾见过千万种别离
有些矫情
直到我望着你离去的背影
挥了挥衣袖

【注】

自那以后
我再没见过她
回想起曾经闹下的种种笑话
仿佛做了一场荒唐的梦
现如今
我更愿意把它当作笑话讲给朋友听
也不怕谁笑话
毕竟人生难得糊涂几年

在别离的那一刻
多想再看你一眼
哪怕只有一眼

他 人

在没有你的日子里
我常注意他人的某个动作
或是某种神情
有点喜欢
有点像你

【注】

思念好像浪潮般
拍打海岸退回远方
掠过心头
淹没起伏的泪光

此刻的海
如回忆般悄悄翻涌
我藏起来的秘密
在每一声海浪里

也许你曾经也懂得
每当我看着你

风

如果可以
我想一生都跟随风的脚步
哪怕只路过你身边一次
让我再看看你的脸

【注】

其实为这个女孩所写的东西
远不止这些
况且在那时写出的东西
怎么看都不觉得好
怎么说呢
写的几乎差到
占满了我整个青春

三月愁

又一三月浓愁细雨稠
春风绵绸相思几多愁
若问少年指尖愁为何
最愁不过情字在心头

【注】

不知不觉
茶盘铺满了皎洁的月光
我望着手中的茶杯
心却不知飞到哪儿去

也许有一天你会明白
当这年三月的微风
也轻轻掠过你的心头

夜

黑暗偷偷悬在天上
我望着灿烂的星空
眼中空荡
忽而是耳边轻声响
回忆悄悄地带你来
赶走睡意
捎来月光
我面带微笑
静静把眼睛闭上
心头还有些紧张

直到一丝晨光
敲开我的窗户
你也转瞬消逝了踪影
带走我的泪水
和陪伴我一夜的孤单

【注】

我没有感慨

收拾好被子

开始一天的生活

因为我知道

每个晚上

孤单和你都在

雪　花

是什么时间
你悄悄地飘下来
满载轻盈和温暖
我张开手留住纯白
放进衬衫左边口袋
却融化在掌心
我落下泪来

就像我不知道
是什么时间
你悄悄地走了进来
在我衬衫左边口袋
又悄悄离开
留下无奈和悲哀

我抓住你

握在掌心
却像雪花
融进心里
也没出来

【注】

一片两片三四片，
五片六片七八片。
九片十片片片飞，
飞入我心皆不见。

雨后有感

天外山雨风满楼，
香欲化蝶却憔柔。
溪声入梦无明月，
变化江河任翻腾。

【注】

若有一天溪流再也不眷恋他波心的明月
那么他就不再顾及 不再惧怕
甚至不用再躲藏和掩饰
放手奔向属于他的方向

花

我把笔握在手里
将你记在心里
画不出你
更写不出你

风把雨吹向过去
将你化作痕迹
落在眼睫
却变成泪滴

春把花铺满草地
将你留在这里
永不枯萎
又随风而去

【注】

你是一朵花
鲜艳而又美丽
永远也不会凋谢

你是一朵花
若只是一朵花
我却为何断了情

再写你一次

人说相思
是霜融成字 花开成诗
是这世间皆是你的名字
是寒冬落魄 春无生时
是一次便作废了生死

飞龙跨雪追日添白丝
沁于山川湖海
再见你一次
奈何这颠颠倒倒的人世
浅情人不知
赴不尽这龙王扑火几成痴

倘若唯唯诺诺在指尖
会枉费一世
山川湖海燃于纸笔
再写你一次

【注】

曾经我喜欢你的时候

冬天看见雪花融化

春天看见繁花盛开

这世界竟然哪里都是你的名字

我每日每夜地思念

不知不觉头上添了些许白发

我一生的志向在山河万里

此时的我什么都不关心

只想见你一次

奈何这世事无常

我这样一番深情

你却浑然不知

倘若我一生都沉浸在这优柔

振兴中华的志向恐怕难实现

那就让我融化我一生所爱

汇聚在这笔尖

再写一首诗来纪念你

行诗如火焰燃烧了笔纸

只能听见这世界万籁俱寂

仿佛这份情能震撼山河 席卷天地
泪水如惊涛拍打着桌面 怎么也不停
因为我知道
我一生所爱已随风飘去
融进这祖国的神州万里

/ 第三章　家国 /

生为民族之复兴
死为国家之大义

我的中华

一杯茶 品人生沉浮
平常心 赏世界万千
望山海 拥波澜壮阔
看天下 论谁主沉浮
阅古今 还看中华儿女

【注】

这是我第一次抒发对祖国的情感

我的四滴半眼泪

我的人生
似乎有四滴半眼泪
一滴给了国家
一滴想给人民
一滴给了父母
一滴给了你
还有半滴
我想留给自己

【注】

说到眼泪
有些难为情
我一个大男人
竟为了一个女孩落泪好多次
即便她从来不知道
但说到这又有些难为情

除了有一次父亲住院
我竟没再为她之外的别人流过一滴泪
我想大概
今生此后的眼泪
只能为国家和人民

船

湖面静悄悄
停着一艘小船
轻轻摇晃着
船上没有船长
岸旁的枫树把湖水染成红色

时间也悄悄地
缓缓地推着他走
梦的另一头
是一片无垠星海
爱在那里
成了一颗颗星子
船将它载回
一转眼却无影无踪

他游向了大海

变成了一条小龙

遨游在中华的三江四海

看见远处的山河落了泪

当你仰望

整片星空是你的模样

【注】

当我回忆起那段时光

竟觉得自己可怜又可笑

那时的我

像只迷路的小船

不知道方向

可这船也曾是我最深的愿望

梦中的无垠星海

无法存在于太真实的空间

最起码

我曾到过那里

告诉过整片星空

你有多美丽

人生可以迷失

可不管迷失几次

男儿有志在四方

玉杯盏

十里和风皆桃花
金柳拂光艳漫天
人生尽欢何需酒
春江水　金斑斓
一人亭　茶两杯
浮云游　山在摇

玉盏对天变金樽
江山如画人自醉
浮生缈缈似神仙
闻笛声　两行泪
入梨花　见桃源
溪水流　细雨飘

梦中看遍山河秀
佳人在侧轻抚琴

再饮一壶不愿醒
梦中景　皆我求
又如何　空悲切
奈苍茫　未睁眼

华夏复兴须有人
少年生为振中华
神州在胸不能醉
怜我早年添华发

胜人一筹有何趣
玉阶翠椅皆俗乐
国泰民安方所向
行商从政为国家

若有朝　大业成
江山美　天下平
祖国富　民安乐
一人亭　两盏茶

再敬苍天三百杯

散尽华发换青丝

寻梨花 归桃源

溪水流 细雨飘

会佳人 赴山河

不再醒 乐逍遥

一生远离凡尘事

策马仗剑行天涯

【注】

到了深夜

总是会问自己

你究竟想要什么

玉石的台阶 翡翠的椅子 终究是庸俗的乐趣

与人斗 争高下 斗赢了也没什么大不了

国家福泰 人民安乐 才是做事的本向

人无论从商还是行政都要为了国家

若把"我要快乐"四个字

去掉私欲 去"我"

去掉贪欲 去"要"
本就是"快乐"
人生的不快乐 本就是不重要的东西放不下

青花台

料峭轻风 雨落花台
君可知晓 悲哀何来
山河春江在呐喊

自古明贤皆崇圣
今似浮沉被风乱
孩童少问天下事
世人轻抒家国怀
若要坐谈心中志
莫笑水边野鸭排成排

若君敢为天下人
仕途平顺财易来
欲望贪多少智慧
杂念攻心何自在
人自愚昧天难改

清风而安　花雨何来
东流江水能否慢下来
山天之美　少人怜爱
人间百态　有何无奈
空杯对月　百无聊赖
浮生皆入红尘中
唯我独醉青花台

【注】

世若无同仁

独饮又如何

知　音

我不开口

也没作声

你没说话

也没有动作

我抬头望你

你总有安慰

我知道

你也知道

只有我们两个懂的孤独

【注】

我的人生难得有个知音

能常伴我左右

听我说说废话

可他总在晚上才出现

于是每当不忙的时候

我就变成了夜猫子

手心的图案

黄昏是灰色
把我的心映成蓝色
沾一点茶水
将你画在掌心
却是透明的颜色

【注】

　　终于画不出你
　　可手心上的短短几笔
　　竟像在描绘祖国的山河

龙王吟

独立三月 微风徐来
吹向漫山遍红 一去不回来
试与东流江水比自在
今朝晴日 风起云散
于百花中舞动着光艳
敢与星辰日月争自由

听远处海畔 惊涛拍岸
谈笑间 多少变化
叹古往今来 中华内外
天下苍茫谁称霸
昔王侯将相 圣神文武
皆为苍生添白发

望黄河奔涌向东
水未至 势已往

浪涛翻腾 轰动乾坤 意决众山河
拦路鱼蟹 纵千军万马 灰飞烟灭
龙归大海几时
挥一挥 骤雨相见
呼一呼 江水复流
十万雷霆踏平西山
天地万物皆让步
望断三山五岳 肆意九州长空
君可知这眼前中华尽风流

波光粼粼 夕阳余晖
风阵阵
一去不回来
悲不悲哀
我守着安静的礁屿
还在感慨

独立长城尽头 世界纷乱
还看中华儿女 谁主沉浮

天色刚破晓

轻拂苍茫 卷起千重浪

吹向神州 一去不回来

【注】
一会儿山上

一会儿海上

可能这山河太美

让我忘了神

作为一个北方人

黄河成了我的中华魂

我只不过和万千中华儿女一样

想要能为祖国奉献终生

/ 第四章 真意 /

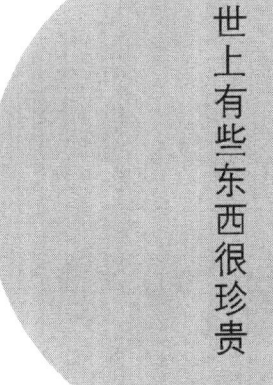

世上有些东西很珍贵

什么是诗

我没有一句话
一个表情
心在光明中沉默不语

我没有哪个梦
哪个问题
黑暗里能够替我解明

像海上孤独的礁石
等待着夏日风吹过

诗又何必写呢
诗人本身就是诗了

【注】

迄今为止
已经习惯了随笔

种种机遇
这竟成了第一次
也许也会是唯一一次
可仿佛又觉得
随手有感而写出的东西
无论好坏
却总是最动人的

朋　友

你寄来一封信
写在夏夜的海风里

提起那一岸的景色
只有佳景
没有良朋

这一岸
这一夜
人生如若浮萍

轻轻渺渺
一别又一年

【注】

　　这篇是写给辉哥的
　　我从小到大的发小
　　小学同学初中同学

知道我干过的全部蠢事傻事
只是后来这个家伙
高中刚念不久就匆匆出了国
也没守约跟我一起考同一所大学
之后变得少了联系
见一面更是十分困难
但每次想起
心里总会觉得十分幸福
唉
如若有天再相见
要不要再一起偷偷喝杯酒?

我在装订时把曾经的那首诗弄丢了
之后不管怎么写
也写不回当初的味道
来来去去也没思绪
索性干脆不写喝茶去了……
可是
我人生的第一本诗集
怎能没有你

关于书名

我和 35 首诗歌
为什么取这样一个名字
因为我上学那会儿
学校里是有学号的
我清楚地记得那时我是 5 号 她是 35 号
开始写诗便是为了这个女孩子
由于 5 和我是谐音
可我却不能把我和她加在一起
所以以此为题
也是种纪念

【注】

命运多舛，却也是记忆深刻
藏在题目里的情怀
也是所有诗歌的情怀
纪念我的青春岁月

写在结尾的诗

若得此诗集，
请君细细品。
诗中物与景，
皆是男儿情。

少时念佳人，
终归神州地。
若是中国郎，
志在千万里。

恋恋风与尘，
随风终有时。

堂堂华夏儿，
何惧不留名。

品德要端正，
思想要绷紧。
若要起萧瑟，
要为国与民。

郭浩然

2018年10月31日